LE PROPHÈTE

« Spiritualités vivantes »

KHALIL GIBRAN

LE PROPHÈTE

Présentation et traduction de
MARC DE SMEDT

Albin Michel

Albin Michel
■ *Spiritualités* ■

Collections dirigées
par Jean Mouttapa et Marc de Smedt

© Éditions Albin Michel S.A., 1990
22, rue Huyghens - 75014 Paris

ISBN : 2-226-04814-6
ISSN : 0755-1746

PRÉFACE

Un chercheur de silences

Tout ce qui est dans la création existe en vous, et tout ce qui existe en vous est dans la création. Il n'est pas de frontière entre vous et les choses les plus proches, et il n'y a pas de distance entre vous et les choses les plus éloignées. Et toutes les choses, de la plus basse à la plus élevée, de la plus petite à la plus grande, sont en vous dans une complète égalité. Dans un atome, on trouve tous les éléments de la terre ; dans un mouvement de l'esprit se trouvent tous les mouvements des lois de l'existence ; dans une goutte d'eau se trouvent tous les secrets des océans sans fin ; dans un aspect de vous, il y a tous les aspects de l'existence.

Khalil Gibran, l'auteur du *Prophète*, est né en 1883, sur l'éperon rocheux de la ville de Bécharré, dans les montagnes au nord du Liban, non loin de la fameuse forêt de cèdres sacrés célèbre dans l'Antiquité.

Son père, bien plus qu'un berger, était en fait éleveur et marchand de moutons, et sa mère, la fille d'un prêtre chrétien maronite, religion dans laquelle il fut baptisé. Il suivit son instruction primaire en arabe et en syriaque jusqu'à l'âge de douze ans, époque à laquelle il s'embarqua avec son frère, ses deux sœurs et sa mère vers les Etats-Unis, où ces immigrants s'établirent à Boston pour y ouvrir une épicerie. Khalil suivit alors ses classes en anglais, trois ans et demi durant. Puis, sur son insistance, sa mère le renvoya au Liban où il passa son baccalauréat dans la célèbre Madrasat al-Hikmat, l'Ecole de la Sagesse de Beyrouth : il s'y familiarisa avec le droit international et l'histoire des religions.

Après avoir connu une première passion — et déception — amoureuse, il voyagea pendant plusieurs années, visitant les hauts lieux de l'Antiquité en Grèce, en Italie, en Espagne et enfin à Paris où il s'installa pour étudier la peinture et continuer à écrire : son livre, *Les Esprits rebelles,* violente critique de l'hypocrisie de la société libanaise, du statut des femmes et des mariages arrangés, fut à cette époque brûlé publiquement par les autorités turques, envahisseurs d'alors, et jugé hérétique par la hiérarchie maronite.

Revenu en 1903 à Boston pour voir mourir sa mère, puis une de ses sœurs et son frère dans la même année, c'est dans l'état de détachement douloureux créé par son chagrin qu'il s'attaque à la version anglaise du *Prophète,* texte dont il avait écrit la première mouture en arabe à l'âge de quinze ans ; il faudra attendre encore vingt ans, deux révisions en arabe et quatre en anglais avant qu'il ne consente à publier la version définitive de ce qui sera son chef-d'œuvre.

Dans une lettre à un ami poète, peu avant un nouveau départ pour Paris où il veut continuer ses recherches picturales — car son œuvre de peintre lui tient autant à cœur que son œuvre

écrite qui comptera une vingtaine d'ouvrages *
—, il se décrit — et l'on pressent, et l'on
comprend le personnage exacerbé pour qui l'art
est le seul moyen d'aller au-delà de la condition
humaine :

> « Ma santé, comme tu le sais, est comme
> un violon entre les mains de quelqu'un qui
> ne sait pas en jouer, car il lui fait entendre
> une rude mélodie. Mes sentiments sont
> comme un océan avec son flux et son reflux ;
> mon âme est comme une caille aux ailes
> brisées. Elle souffre immensément quand
> elle voit voler dans le ciel des nuées d'oi-
> seaux, car elle se sent incapable d'en faire
> autant. Mais comme tous les autres oiseaux,
> elle apprécie le silence de la Nuit, la venue de
> l'Aube, les rayons du Soleil et la beauté de la
> vallée. Je peins et j'écris de temps à autre, et
> au milieu de mes peintures et de mes écrits,
> je suis comme un petit bateau qui navigue

* Certains sont publiés aux Editions de Mortagne.

entre un océan d'une profondeur infinie et un ciel d'un bleu illimité — d'étranges rêves, de sublimes désirs, de grandes espérances, des pensées brisées et réparées. Et parmi tout cela, il y a quelque chose que les gens appellent Désespoir et que j'appelle l'Enfer. »

En 1908, il travaille à l'Académie des beaux-arts et fréquente Debussy, Maeterlinck, Edmond Rostand et les cénacles du temps. Signalons que Gibran se lia aussi d'une solide amitié avec le sculpteur Rodin dont il prit des leçons dans cette « Ville des Arts », dans ce « Cœur du Monde », ainsi qu'il aimait appeler Paris.

Retour à Boston en 1910 et fixation définitive à New York. Avant et après la Première Guerre mondiale, la renommée de Gibran ne cessa de croître. Il organisa plusieurs expositions dans diverses galeries, produisit une importante œuvre littéraire sous forme de courts essais, de romans, de poèmes, de récits, d'aphorismes, etc., qui tous traitaient des thèmes existentiels de la vie quotidienne. La constitution d'un « cercle de la plume » appelé « Arrabitah » dont Gibran fut élu président rassembla toutes les élites du monde arabe immigrant aux U.S.A.

Le Prophète sera publié en 1923.

En 1928, dans une lettre à une de ses égéries (elles furent nombreuses), May Ziadeh, il nous donne une des clés de sa créativité :

> « Je dois aux femmes tout ce que j'appelle " Moi ", depuis que je suis bébé. Les femmes ont ouvert les fenêtres de mes yeux et les portes de mon esprit. S'il n'y avait pas eu la femme-mère, la femme-sœur, la femme-amie, j'aurais dormi parmi ceux qui cherchent la tranquillité du monde en ronflant. »

Et j'aimerais citer encore cette merveilleuse anecdote de la fin de sa vie : un jour, dans son studio, Gibran dit à Barbara Young : « Nous ne nous comprendrons jamais l'un l'autre tant que nous n'aurons pas réduit le langage à sept mots. » Après un silence, il demanda à miss Young de

deviner quels pouvaient être ces sept mots. Cette
dernière hésita. Alors Gibran parla lentement,
presque dans un souffle : « Voici mes sept mots :
Vous, Moi, prendre, Dieu, amour, beauté,
Terre. » Et les combinant, il en fit un poème :

> Amour, prends-moi.
> Prends-moi, Beauté.
> Prends-moi, Terre.
> Je vous prends,
> Amour, Terre, Beauté,
> Je prends
> Dieu.

Son génie de la métaphore peut aussi nous faire
rêver d'une autre réalité, bien triste celle-là :
lorsque, dans ce maître livre que vous allez
savourer, il nous parle, par exemple, de l'océan
qu'on ne peut souiller et de la fumée qui n'est pas
un fardeau pour le vent, la poésie de sa plume et
son symbolisme continuent de nous toucher, et
pourtant, nous savons aujourd'hui, pour notre
malheur, que même l'océan peut être pollué et
que la fumée peut empoisonner les vents.

Il n'empêche, le génie de Gibran s'adapte à notre époque comme à la sienne.

Philosophia perennis, toujours vivante.

Khalil Gibran s'éteignit le 10 avril 1931, à l'âge de 48 ans, à l'hôpital Saint-Vincent de New York. Ses restes furent transportés au Liban, suivant ses vœux, et déposés dans le vieux monastère du désert de Mar Sarkis dans le Wadi Kadisha (la vallée sainte), non loin de Bécharré.

Un an avant sa mort, il avait dit : « Pourquoi ai-je écrit tous ces articles et tous ces récits ? J'étais né pour vivre et pour écrire un livre — un seul petit livre —, j'étais né pour vivre et souffrir et pour prononcer un seul mot vivant et ailé... »

Ce livre, ce mot, ces mots, les voici.

J'ai tenté de restituer la forte saveur du texte original et le riche déploiement de sa méditation. Puisse la publication de ce grand classique en « Spiritualités vivantes » continuer à promouvoir une vision essentielle, de beauté et de lucidité mêlée. Une vraie leçon de conscience que nous donne là celui qu'on a appelé le Mystique, le Philosophe, le Religieux, l'Hérétique, le Serein, le

Rebelle et l'Homme sans âge... lui, l'écrivain du Liban qui nous laisse un message d'une sagesse tout simplement immémoriale.

Marc de SMEDT

Al mustafa, l'élu et l'aimé, qui était l'ombre de son propre jour, avait attendu douze ans durant dans la ville d'Orphalese son bateau qui devait revenir et le ramener à l'île de sa naissance.

Et, dans la douzième année, le septième jour de Ielool, mois des moissons, il grimpa sur la colline située hors des murs de la cité et scruta la mer ; et, venant avec la brume, il aperçut son navire.

Alors les portes de son cœur s'ouvrirent en grand, et sa joie exulta loin au-dessus de la mer. Et, les yeux clos sur les silences de son âme, il pria.

Mais, comme il redescendait de la colline, une tristesse le submergea et, du fond de son cœur, il pensa :

Comment irais-je en paix et sans chagrin ?

Non je ne pourrai quitter cette ville sans une blessure à l'esprit.

Longs furent les jours de douleur passés au sein de ces murs et longues furent les nuits de solitude ; et qui peut quitter, sans regret, sa douleur et sa solitude ?

J'ai éparpillé trop de fragments de mon esprit dans ces rues et trop d'enfants de mon désir marchent nus dans ces collines, dont je ne peux me séparer sans accablement et sans souffrance.

Ce n'est pas un vêtement que j'abandonne en ce jour mais une peau que, de mes propres mains, j'arrache.

De même ce n'est pas un souvenir que je laisse derrière moi mais un cœur que la soif et la faim ont rendu bon.

Pourtant je ne peux m'attarder plus.

La mer qui appelle toutes choses à revenir en elle me mande et je me dois d'embarquer.

Car demeurer plus avant, pendant que les heures brûlent dans la nuit, reviendrait à se laisser geler et cristalliser et demeurer prisonnier de la forme du moule.

J'aimerais pouvoir emporter tout ce que je laisse ici. Mais comment le pourrais-je ?

La voix ne peut porter la langue et les lèvres qui lui donnent des ailes. Seule, elle affronte l'air.

Et seul, sans son nid, l'aigle va voler vers le soleil.

Lorsqu'il atteignit le pied de la colline, il se retourna vers la mer et il vit son bateau approcher le port et, à sa proue, des marins, hommes de sa terre.

Et son âme pleura vers eux et il dit :
Fils de ma mère ancestrale, vous qui
chevauchez les marées,
Combien de fois vos mâtures déployées ont-
elles erré dans mes rêves ? Et maintenant
voilà que vous arrivez à l'état de veille, et
réalisez ainsi mon plus profond rêve.
Je suis prêt à partir et mon impatience aux
voiles déferlées se languit du vent.
Je respirerai un dernier souffle de cet air si
calme, je jetterai en arrière un dernier regard
d'amour,
Puis me tiendrai enfin au milieu de vous,
navigateur parmi d'autres navigateurs.
Et vous, vaste mer, mère endormie,
Qui êtes la paix et la liberté de la rivière et du
fleuve
Mon courant n'est presque plus sinueux et
jette un dernier murmure à cette clairière
Avant de venir à vous, goutte sans limites
d'un océan infini.

Et alors qu'il poursuivait sa marche, il vit de loin les hommes et les femmes quitter champs et vignes et se hâter vers les portes de la ville. Et il entendit leurs voix appeler son nom et s'annoncer l'un à l'autre, par-delà les haies, l'arrivée de son bateau.

Et il se dit :
Le jour du départ va-t-il nous rassembler ?
Et sera-t-il dit que ma veille, en vérité, fut mon aurore ?
Et que donnerais-je à celui qui a quitté le labour en plein sillon ou à celui qui a arrêté la roue de son pressoir à raisins ?
Mon cœur deviendra-t-il un arbre lourdement chargé de fruits que je pourrai cueillir et leur donner ?
Et mes vœux pourront-ils couler comme une

fontaine et emplir leurs coupes ?
Suis-je une harpe que la main de l'immensité
pourrait faire vibrer ou une flûte que son
souffle pourrait traverser ?
Je suis un chercheur de silences et quel trésor
ai-je trouvé dans ces silences, qu'en confiance
je puisse dispenser ?
Si ce jour est celui de ma récolte, dans quels
champs ai-je semé le grain et en quelle saison
oubliée ?
Si vient l'heure où je dois lever ma lanterne,
ce n'est pas ma flamme qui brûlera dedans.
Vide et sombre, je lèverai ma lanterne,
Et le gardien de la nuit devra la remplir avec
de l'huile et l'allumer aussi.
Ces choses, il les dit en mots.
Mais beaucoup demeurèrent dans le non-dit
de son cœur. Car lui-même ne pouvait laisser
parler son secret le plus profond.
Et quand il pénétra dans la ville, tout le
monde vint le rencontrer et ils se lamentaient

sur lui d'une seule voix.
Et les anciens de la cité s'avancèrent et
dirent :
Ne nous quitte pas.
Tu as été un plein midi en notre crépuscule
et ta jeunesse nous a donné des rêves à
rêver.
Tu n'es ni un étranger au milieu de nous, ni
notre hôte, mais notre fils et notre bien-aimé.
Ne souffre pas que nos yeux aient déjà faim
de ton visage.

Et les prêtres et les prêtresses lui dirent :
Ne laisse pas les vagues de la mer nous
séparer maintenant et les années passées
ensemble devenir mémoire.
Tu as marché parmi nous tel un esprit et ton
ombre a éclairé nos visages.
Nous t'avons beaucoup aimé. Mais muet et
dissimulé par des voiles fut notre amour.

A présent il crie fort et se tient révélé devant
toi.
Il en est toujours ainsi, l'amour connaît sa
propre profondeur à l'instant même de la
séparation.

Et d'autres vinrent aussi et le supplièrent.
Mais il ne leur répondit pas. Il courba
simplement la tête ; et ceux qui se tenaient
auprès de lui virent ses larmes se répandre sur
sa poitrine.
Et puis avec le peuple ils se rendirent tous sur
la vaste place face au temple.
Et alors sortit du sanctuaire une femme du
nom d'Almitra.
C'était une voyante.
Il la regarda avec une immense tendresse car
elle était celle qui, dès son premier jour dans
leur cité et la première, le devina et crut en
lui.

Et elle le salua en disant :
Prophète de Dieu en quête de l'essentiel,
longtemps tu as regardé l'horizon dans
l'attente de ton bateau.
Et à présent ton navire s'en est venu et tu te
dois de partir.
Profond est ton désir de revoir la terre de
tes souvenirs et la demeure de tes plus
grandes espérances ; et notre amour ne
t'attachera pas ni nos besoins ne te
retiendront.
Mais nous te demandons, avant de nous
quitter, de nous parler et de nous délivrer ta
vérité.
Car nous la donnerons à nos enfants et eux-
mêmes à leurs propres enfants et elle ne
périra pas.
Depuis ta solitude tu as regardé nos jours et
en tes veilles tu as écouté les sanglots et les
rires de notre sommeil.
A présent, révèle-nous à nous-mêmes et dis-

nous ce qui t'a été montré de ce qui se trouve entre la vie et la mort.

Et il répondit :
Gens d'Orphalese, de quoi parler d'autre sinon de ce qui émeut à présent le tréfonds de vos âmes ?

ALORS Almitra dit :
Parle-nous de l'Amour.
Et il leva la tête et regarda les gens et un calme
les envahit.

Et d'une voix puissante, il dit :
Lorsque l'amour vous fait signe, suivez-le,
Même si ses voies sont dures et raides.
Et lorsque ses ailes vous enveloppent, cédez-
lui, quoique la lame cachée dans son plumage
puisse vous blesser.
Et lorsqu'il vous parle, croyez-le,
Quoique sa voix puisse fracasser vos rêves
comme le vent du nord qui saccage le jardin.
Car de même que l'amour peut vous
couronner, de même il peut vous crucifier.
Car il est fait pour vous aider à croître
comme pour vous élaguer.

De même qu'il se hausse à votre hauteur, et
caresse vos branches les plus tendres qui
tremblent dans le soleil,
De même peut-il descendre dans vos racines
et les remuer jusqu'à la terre qui les attache.
Comme des gerbes de blé il vous rassemble
en lui.
Il vous bat pour vous rendre nus.
Il vous tamise pour vous libérer de votre
enveloppe.
Il va vous moudre jusqu'à la blancheur.
Il vous pétrit jusqu'à vous rendre souples.
Et alors il vous assigne à son feu sacré pour
que vous deveniez du pain sacré pour le festin
de Dieu.

L'amour fera tout cela pour que vous
connaissiez les secrets de votre propre cœur
et, de par cette connaissance, deveniez
fragment du cœur de la Vie.

Mais si, dans votre peur, vous ne cherchez
que la paix de l'amour et le plaisir de l'amour,
Alors il vaut mieux pour vous couvrir votre
nudité et sortir de l'aire de battage de
l'amour,
Et aller dans un monde sans saisons pour rire,
mais non de tous vos rires, et pleurer, mais
non de toutes vos larmes.

L'amour ne donne rien que lui-même et ne
prend rien que de lui-même.
L'amour ne possède pas ni ne veut être
possédé
Car l'amour se suffit de l'amour.
Lorsque vous aimez vous ne devriez pas dire
« Dieu est en mon cœur » mais bien plutôt
« Je suis dans le cœur de Dieu. »
Inutile de penser que vous pouvez diriger le

cours de l'amour, car l'amour, s'il vous trouve dignes, dirige votre course.

L'amour n'a pas d'autre désir que celui de son accomplissement.

Mais si vous aimez, la plupart des besoins ayant des désirs, que vos désirs soient : Se mêler et être comme un ruisseau qui chante sa mélodie dans la nuit.

Goûter la douleur de trop de tendresse.

Etre blessé par sa compréhension de l'amour,

Et saigner volontairement et joyeusement.

Se lever à l'aube avec un cœur ailé et rendre louange pour cette autre journée à aimer ;

Prendre du repos à midi et méditer sur l'extase amoureuse ;

Rentrer avec gratitude chez soi au crépuscule,

Et alors s'endormir avec une prière en son cœur pour l'aimé, et un chant de grâce sur les lèvres.

Alors Almitra parla à nouveau et dit,
Qu'en est-il du Mariage, maître ?
Et il répondit en disant :
Vous êtes nés ensemble et à tout jamais vous resterez ensemble.
Vous serez ensemble quand les ailes blanches de la mort éparpilleront vos jours.
Oui, vous resterez ensemble jusque dans le silence de la mémoire de Dieu.
Mais qu'il y ait des espaces dans votre union.
Et que les vents des firmaments dansent entre vous.

Aimez-vous l'un l'autre mais ne faites pas de l'amour une chaîne :
Laissez-le plutôt être une mer se balançant entre les rivages de vos âmes.

Remplissez chacun la coupe de l'autre mais
ne buvez pas à la même coupe.
Donnez-vous du pain l'un à l'autre mais ne
mangez pas le même morceau.
Chantez et dansez ensemble et soyez joyeux
mais sachez demeurer seuls,
Pareils aux cordes du luth qui sont seules
mais savent vibrer ensemble en musique.
Donnez vos cœurs mais sans que l'un et
l'autre le garde.
Car seule la main de la Vie peut comprendre
vos cœurs.
Et restez ensemble mais pas trop près l'un de
l'autre :
Car les colonnes du temple se dressent à
distance,
Et le chêne et le cyprès ne poussent pas à
l'ombre l'un de l'autre.

Eт une femme qui tenait un bébé contre son sein dit,
Parle-nous des Enfants.
Et il dit :
Vos enfants ne sont pas vos enfants.
Ce sont les fils et les filles du désir de Vie.
Ils arrivent à travers vous mais non de vous.
Et quoiqu'ils soient avec vous, ils ne vous appartiennent pas.

Vous pouvez leur donner votre amour mais non vos pensées,
Car ils ont leurs pensées propres.
Vous pouvez abriter leurs corps mais non leurs âmes,
Car leurs âmes habitent la demeure de demain que vous ne pouvez visiter même dans vos rêves.

Vous pouvez tenter d'être comme eux, mais
n'essayez pas de les rendre comme vous.
Car la vie ne s'en retourne pas en arrière ni ne
s'attarde avec hier.
Vous êtes les arcs qui projettent vos enfants
comme des flèches vivantes.
L'Archer voit le but sur le sentier de l'infini
et Il vous tend de toute son énergie pour que
ses flèches puissent aller vite et loin.
Que cette force bandée par la main de
l'Archer soit joyeuse ;
Car, s'Il aime la flèche qui vole, Il aime aussi
l'arc qui est stable.

ALORS un homme riche dit,
Parle-nous du Don.
Et il répondit :
Vous donnez, mais fort peu quand il s'agit de
vos possessions.
C'est lorsque vous donnez de vous-mêmes
que vous donnez vraiment.
Car que sont vos possessions sinon des
choses que vous gardez et préservez dans la
peur du lendemain ?
Et demain, que réserve demain au chien
timoré enterrant des os dans le sable qui
efface les traces, alors qu'il suit les pèlerins
vers la ville sainte ?
Et qu'est-ce que la peur du besoin sinon le
besoin lui-même ?
Et redouter la soif quand votre puits est
plein, n'est-ce pas déjà là une soif qui ne peut
être étanchée ?

Il y a ceux qui donnent peu de leur surplus —
et ils le donnent pour susciter une
reconnaissance et ce désir secret pervertit
leurs dons.
Et il y a ceux qui donnent peu mais le
donnent entièrement.
Ceux-là croient en l'existence et en la
générosité de la vie, et leur fond n'est jamais
vide.
Il y a ceux qui donnent dans la joie et cette
joie est leur récompense.
Et il y a ceux qui donnent dans la douleur et
cette douleur est leur baptême.
Et il y a ceux qui donnent et ne connaissent
pas de douleur à ce geste ni ne cherchent de la
joie ni la conscience d'être vertueux ;
Ils donnent comme le myrte exhale son
arôme dans l'espace de la vallée, là-bas.
Dieu parle à travers les mains de tels êtres et,
derrière leurs yeux, sourit à la terre.
Il est bien de donner à qui quémande, mais il

est mieux de donner sans qu'on nous le demande, par bienveillance ;

Et pour ceux qui ont les mains ouvertes, la recherche de celui à qui l'on peut donner est une joie plus grande que celle du don.

Et que voudriez-vous refuser ?

Tout ce que vous avez, un jour, sera donné ;

Donnez donc maintenant, afin que la saison du don soit la vôtre et non celle de vos héritiers.

Vous dites souvent : « Je donnerai, mais seulement à ceux qui en sont dignes. »

Ni les arbres de votre verger ni les troupeaux du pâturage ne parlent ainsi.

Ils donnent ce que la vie leur donne car retenir signifie périr.

Celui qui a mérité d'obtenir le flux de ses jours et de ses nuits mérite de recevoir tout le reste de vous.

Et celui qui est digne de boire à l'océan de la

vie est digne de remplir sa coupe à votre petit
ruisseau.
Et quel mérite plus grand que celui qui se
trouve dans le courage et la confiance, voire
la charité, de recevoir ?
Et qui êtes-vous pour que les hommes se
fendent le cœur et abandonnent leur fierté de
telle sorte que vous puissiez contempler leur
dignité nue et la contenance de leur amour
propre ?
Veillez d'abord à mériter d'être vous-mêmes
donneur et instrument du don.

Car, en vérité, la vie donne à la vie,
pendant que vous, qui prétendez être le
donateur, vous n'êtes en réalité qu'un
témoin.
Et vous qui recevez — et vous recevez tous
— ne supportez pas la gratitude comme une
charge, de crainte d'imposer un joug sur

vous-mêmes et sur celui qui donne.
Ensemble, élevez-vous plutôt avec le
donateur comme si ses dons étaient des ailes ;
Car être trop préoccupé de sa dette revient à
douter de sa générosité, qui a la terre
bienveillante pour mère et pour père, Dieu.

Alors un vieillard, patron d'une auberge,
dit,
Parle-nous de la façon de Manger et de Boire.
Et il dit :
Puissiez-vous vivre des senteurs de la terre et,
comme une plante, subsister de lumière.
Mais comme vous devez tuer pour manger, et
voler le lait de sa mère au nouveau-né pour
étancher votre soif, alors que cela devienne
un acte de vénération,
Et que votre table se transforme en un autel
sur lequel la pureté et l'innocence de la forêt
et de la plaine seront sacrifiées pour ce qu'il y
a de plus pur et de plus innocent en l'homme.

Quand vous tuez un animal, dites-lui en
votre cœur :
« Par le même pouvoir qui te donne la mort,

moi aussi je meurs ; et moi aussi je serai
absorbé.
Car la loi qui t'a remis entre mes mains me
remettra en une main plus puissante.
Ton sang et mon sang ne sont rien d'autre
que la sève qui nourrit l'arbre du ciel. »

Et lorsque vous croquez une pomme à
pleines dents, dites-lui en votre cœur :
« Ton énergie vivra dans mon corps
Et les bourgeons de ton lendemain fleuriront
en moi.
Et ton parfum deviendra mon souffle.
Et ensemble nous vivrons l'enchantement de
toutes les saisons. »
Et à l'automne, quand vous vendangez le
raisin de vos vignes pour le pressoir, dites en
votre cœur :
« Moi aussi suis une vigne et mon grain sera
cueilli pour le pressoir,

Et comme le vin nouveau je serai versé dans
les sempiternels flacons. »
Et en hiver, quand l'on soutire le vin, qu'il y
ait en vous un chant pour chaque verre ;
Et que dans ce chant il y ait une pensée, et
pour les jours d'automne, et pour la vigne, et
pour le pressoir.

Alors un laboureur dit,
Parle-nous du Travail.
Et il répondit en disant :
Vous travaillez de façon à mesurer la terre et
l'âme de la terre.
Car ne rien faire revient à devenir un étranger
aux saisons, et à s'écarter de la procession de
la vie qui s'avance avec majesté
et fière obéissance vers l'infini.

Lorsque vous travaillez, vous êtes une flûte
dont le corps transforme le murmure des
heures en musique.
Qui d'entre vous voudrait être un bout de
roseau silencieux alors que tout le reste
chante à l'unisson ?

On vous a toujours répété que le travail est
maudit et le labeur une malchance.
Mais je vous dis que lorsque vous travaillez
vous accomplissez partie du rêve le plus
lointain de la terre, qui vous fut attribué
quand naquit ce rêve

Et en vous gardant à l'œuvre, vous êtes dans
la vérité de l'amour de la vie,
Et aimer la vie à travers l'œuvre revient à être
intime avec le plus secret de la vie.

Mais si vous, du fond de votre douleur, dites
que la naissance est une affliction et le
vêtement de chair une malédiction inscrite
sur votre front, alors je vous réponds que
seule la sueur de votre front pourra effacer ce
qui y est écrit.

On vous a dit aussi que l'existence est
obscure, et dans votre lassitude vous vous
faites l'écho de ce qui a été dit par les lassés.
Et je dis que la vie est vraiment faite
d'obscurité sauf lorsqu'il y a envie de faire,
Et toute envie de faire est aveugle sans savoir-
faire,
Et tout savoir-faire est vain sans travail,
Et tout travail est vide sans amour ;
Et travailler avec amour revient à se relier à
soi-même, et à autrui, et à Dieu.

Et qu'est-ce que travailler avec amour ?
C'est tisser un vêtement avec des fils tirés de
votre cœur comme si votre bien-aimé devait
porter cet habit.
C'est construire une maison avec affection,
comme si votre bien-aimé devait habiter cette
demeure.

C'est semer des semences avec tendresse et moissonner la récolte avec joie, comme si votre bien-aimé devait en manger.
C'est déposer en toutes choses que vous façonnez un souffle de votre propre esprit,
Et savoir que tous les morts bénis se tiennent auprès de vous et regardent.

Souvent vous ai-je entendu dire, comme si vous parliez en dormant : « Celui qui sculpte le marbre et modèle la forme de son âme dans la pierre s'avère plus noble que celui qui laboure la terre.
Et celui qui saisit l'arc-en-ciel et le met dans le tissu pour le plaisir de l'être humain est meilleur que celui qui fabrique des sandales pour nos pieds. »
Moi je dis, et non en état de sommeil mais dans l'éveil plein du milieu du jour, que le vent ne parle pas avec plus de douceur au

chêne géant qu'au dernier de tous les brins
d'herbe ;
Et seul est grand celui qui change la voix
du vent en un chant que son amour rend
doux.

Le travail est de l'amour rendu visible.
Et si vous ne pouvez œuvrer avec amour mais
uniquement avec répugnance, il vaut mieux
quitter votre travail et vous asseoir à la porte
du temple et prendre l'aumône de ceux qui
travaillent avec joie.
Car si vous faites du pain avec indifférence,
vous mettez à cuire un pain plein d'amertume
qui ne nourrit que la moitié de la faim de
l'homme.
Et si vous pressez les grappes de raisin à
contrecœur, votre rancune distille un poison
dans le vin.
Et même si vous chantez comme des anges,

en n'aimant pas le chant, vous murez les
oreilles de l'être aux voix du jour
et aux voix de la nuit.

ALORS une femme dit,
Parle-nous de la Joie et de la Tristesse.
Et il répondit :
Votre joie est votre tristesse démasquée.
Et votre rire fuse du même puits que vos
larmes remplissent.
Et comment pourrait-il en être autrement ?
Plus la peine évidera votre être, plus la joie y
tiendra.
N'est-ce pas la même coupe celle qui contient
votre vin et a été cuite dans le four du potier ?
Et le luth qui apaise votre âme n'est-il pas fait
d'un morceau de bois évidé avec des larmes ?
Quand vous êtes joyeux, regardez en
profondeur votre cœur et vous remarquerez
que c'est seulement ce qui vous a déjà donné
de la tristesse qui vous cause de la joie.
Quand vous êtes tristes, regardez à nouveau
en votre cœur et, en vérité, vous verrez que
vous pleurez sur ce qui fut votre plaisir.

Certains d'entre vous disent, « La joie est plus grande que la tristesse » et d'autres disent « Non, la tristesse est la plus grande. » Mais je vous dis moi qu'elles se révèlent inséparables.

Ensemble elles s'en viennent et quand l'une s'assoit seule à votre chevet, rappelez-vous que l'autre est assoupie dans votre lit.

En vérité vous êtes suspendus comme l'aiguille d'une balance entre votre tristesse et votre joie.

Lorsque vous êtes vides, alors seulement êtes-vous immobiles et équilibrés.

Lorsque le gardien du trésor vous soulève pour peser son or et son argent, votre joie ou votre tristesse s'élève alors ou retombe.

Alors un maçon s'avança et dit,
Parle-nous des Maisons.
Et il répondit en disant :
A partir de votre imaginaire, construisez un
foyer dans le désert avant que de bâtir une
maison dans l'enceinte de la cité.
Car de même que vous rentrez parfois en
votre crépuscule, de même le voyageur en
vous est-il celui qui est toujours loin et seul.
Votre maison est votre corps le plus grand.
Elle pousse dans le soleil et dort dans le calme
de la nuit ; et elle n'est pas sans rêves.
Votre maison ne rêve pas ? Et rêvant, ne
quitte-t-elle pas la ville pour la forêt ou le
sommet de la colline ?

Si je pouvais amasser vos demeures dans ma
main et, comme un semeur, les répandre au
sein de la forêt et de la prairie !

Puissent les vallées être vos rues et les verts sentiers vos allées, afin que vous puissiez vous chercher les uns les autres à travers les vignes et revenir avec les parfums de la terre dans vos vêtements.

Mais le temps de cela n'est pas encore venu. Dans leur peur, vos ancêtres vous ont assemblés trop près les uns des autres. Et cette peur durera encore. Les murs de vos villes sépareront un peu de temps encore vos foyers de vos champs.

Et dites-moi, peuple d'Orphalese, qu'avez-vous en ces maisons ? Et que préservez-vous derrière ces portes fermées ?
Avez-vous la paix, la tranquille force qui révèle votre pouvoir ?
Avez-vous des réminiscences, ces voûtes

étincelantes qui enjambent les sommets de la
conscience ?

Avez-vous la beauté, celle qui mène le cœur
des objets faits de bois et de pierre vers la
montagne sainte ?

Dites-moi, avez-vous tout cela dans vos
maisons ?

Ou avez-vous seulement du confort, et
l'envie de confort, ce furtif besoin qui rentre
à la maison en invité, puis se transforme en
hôte, et puis en maître.

Oui, et il devient un dompteur, qui avec
crochets et lanières fait de vous des pantins de
vos plus grands désirs.

Quoique ses mains se révèlent de soie, son
cœur est d'acier.

Il vous berce jusqu'au sommeil et reste près
de votre lit afin de se moquer de la dignité de
la chair.

Il se rit de la santé de vos sens et les
enveloppe dans de l'ouate comme de fragiles
vases.
En vérité la soif de confort assassine la
passion de l'âme, et va en ricanant à son
enterrement.

Mais vous, enfants de l'espace, vous qui êtes
impatients dans le repos, vous ne serez ni
capturés ni domptés.
Votre demeure ne sera pas une ancre mais un
mât.
Elle ne sera pas un voile brillant couvrant
une blessure mais une paupière qui protège
l'œil.
Vous ne replierez pas vos ailes pour franchir
les portes, ne courberez pas vos têtes afin
qu'elles ne heurtent pas un plafond, ni
n'aurez peur de respirer dans la hantise que
les murs se lézardent et s'écroulent.

Vous n'habiterez pas des tombes faites par des vivants pour les morts.

Même construite avec somptuosité et splendeur, votre demeure ne saurait renfermer votre secret ni abriter votre attente.

Car ce qui est illimité en vous vit dans le palais de l'espace, dont la porte est la brume du matin et dont les chants et les silences de la nuit sont les fenêtres.

Eт le tisserand dit,
Parle-nous de Vêtements.
Et il répondit :
Vos vêtements cachent partie de votre beauté,
mais ne dissimulent pas ce qui est
disgracieux.
Et bien que vous tentiez de mettre votre
intimité à l'aise dans vos habits, vous risquez
d'en faire un harnais et une chaîne. Il vaudrait
mieux rencontrer le soleil et le vent avec votre
peau plutôt qu'avec votre costume.
Car le souffle de la vie se trouve dans la
lumière du soleil et la main de la vie est dans
le vent.

Certains d'entre vous disent : « C'est le vent
du nord qui a tissé les effets que nous
portons. »

Et moi je dis, Oui, c'était le vent du nord,
Mais la honte fut son métier et
l'amollissement des muscles fut son fil.
Et son travail accompli, il rit dans la forêt.

N'oubliez pas que la pudeur est un bouclier
contre le regard impur.
Et lorsque l'impur n'existe plus, que devient
la pudeur sinon une chaîne et un fatras de la
conscience ?
Et n'oubliez pas que la terre s'enchante de
sentir vos pieds nus et que les vents attendent
de jouer avec votre chevelure.

Eт un marchand dit,
Parle-nous d'Achat et de Vente.
Et il répondit et dit :
Pour vous la terre donne son fruit et vous
n'aurez besoin de rien si vous savez comment
emplir vos mains.
En échangeant les dons de la terre
vous saurez trouver l'abondance et serez
satisfaits.
Cependant, l'échange peut conduire certains
à l'avidité et d'autres à la famine s'il n'est fait
avec amour et bienveillance.

Lorsque au marché, vous, travailleurs de la
mer, des champs et des vignes, rencontrez les
tisserands et les potiers et les épiciers,
Invoquez donc l'esprit de la terre, afin qu'il
vienne parmi vous et sanctifie les balances et

les comptes qui soupèsent valeurs contre
valeurs.
Et ne souffrez pas que des mains stériles
prennent part à vos transactions car ils
échangeront leurs paroles contre votre
travail.

A ces hommes vous direz :
« Venez avec nous aux champs ou allez avec
nos frères en mer pour jeter vos filets ;
Car la terre et la mer seront aussi généreuses
pour vous que pour nous. »

Et si arrivent les chanteurs et les danseurs et
les joueurs de flûte, achetez également leurs
dons.
Car eux aussi cueillent des fruits et des
fragrances et, quoique façonné de rêves, ce

qu'ils apportent se révèle vêture et nourriture
pour votre âme.

Et avant de quitter le marché, regardez si
personne n'est parti les mains vides.
Car l'esprit maître de la terre ne dormira pas
en paix sur le vent jusqu'à ce que les besoins
du moindre d'entre vous ne soient satisfaits.

Aᴌᴏʀs un des juges de la ville s'avança et dit,
Parle-nous du Crime et du Châtiment.
Et il répondit en disant :
C'est lorsque votre esprit s'en va errer sur le
vent,
Que vous, seuls et imprudents, commettez
des fautes envers autrui et donc préjudice à
vous-mêmes.
Et pour avoir commis ce qui est injuste, vous
devez frapper et attendre, dédaignés, à la
porte des élus.

Votre moi divin est comme l'océan.
Il reste toujours plein.
Et, comme l'air, il ne soulève que ceux qui
ont des ailes.
Votre moi divin est, de même, comme le
soleil ;

Il ne connaît pas les tunnels de la taupe ni ne
recherche les trous du serpent.
Mais votre moi divin n'habite pas seul dans
votre être.
Une grande partie de vous est humaine et une
autre n'est pas encore humaine,
Juste un avorton informe qui marche
endormi dans le brouillard à la recherche de
son propre éveil.

Et je voudrais à présent parler de l'être
humain en vous.
Car c'est lui et non votre moi divin ni
l'avorton dans le brouillard qui juge
le crime et la punition du crime.

Je vous ai souvent entendus parler de celui
qui commet une injustice comme s'il n'était

pas l'un de vous mais un étranger parmi vous
et intrus dans votre monde.

Mais moi je vous dis que même le saint et le
juste ne peuvent s'élever au-dessus de ce qui
est le plus élevé en vous,

Et que le méchant et le faible ne peuvent
tomber plus bas que ce qu'il y a de plus bas
en vous.

De même que chaque feuille ne jaunit qu'avec
l'assentiment silencieux de l'arbre tout entier,
De même le malfaiteur ne peut-il agir mal
sans la secrète volonté de vous tous.

Semblables à une procession vous avancez
vers votre moi divin, ensemble.

Vous êtes le passage et ceux qui y passent.

Et quand l'un d'entre vous chute, il
chute pour ceux qui sont derrière lui,
afin de leur indiquer la pierre qui l'a fait
trébucher.

Oui, et il tombe pour ceux qui sont devant
lui, qui, bien qu'ayant le pied plus agile et

plus sûr, n'ont pourtant pas enlevé la pierre dangereuse.

Et ceci encore, quoique cette parole pèsera lourdement sur vos cœurs :
L'assassinat n'est pas inexplicable pour l'assassiné,
Et celui qui a été dévalisé n'est pas irréprochable de l'avoir été.
Et le loyal n'est pas innocent des actes du malveillant,
Et celui qui a les mains propres n'est pas pur des actions du traître.
Oui, le coupable est souvent la victime de l'outragé.
Et plus encore, le condamné porte le fardeau pour l'innocent et l'irréprochable.
Vous ne pouvez dissocier le juste de l'injuste et le bon du méchant ;
Car ils se tiennent tous deux face au soleil de

même que les fils noirs et blancs sont tissés
ensemble.
Et quand le fil noir se casse, le tisserand
regarde tout le tissu et examine aussi son
métier à tisser.

Si l'un d'entre vous met l'épouse infidèle en
jugement,
Qu'il pèse aussi le cœur de son mari dans la
balance et mesure son âme avec rigueur.
Et que celui qui voudrait fustiger l'offenseur
sonde l'âme de l'offensé.
Et si l'un de vous veut punir au nom du bon
droit et porter la hache dans l'arbre du mal,
qu'il en considère les racines aussi ;
Et, en vérité, il trouvera les racines du bien et
du mal, du fécond et du stérile entrelacées au
cœur du silence de la terre.
Et vous juges, qui désirez être justes,
Quel jugement prononcerez-vous

à l'encontre de celui qui se révèle honnête
dans sa chair mais voleur en esprit ?
Quelle sanction peut frapper celui qui est
meurtrier de la chair mais se révèle meurtri
dans son esprit ?
Et comment poursuivrez-vous celui qui de
par son action trompe et oppresse,
Mais se révèle, lui aussi, blessé et humilié ?

Et comment punirez-vous ceux dont le
remords s'avère déjà plus grand que leurs
fautes ?
Le remords ne représente-t-il pas la justice
immanente de cette même loi que vous
feignez de servir ?
Cependant vous ne pouvez enlever le
remords du cœur du coupable ni le mettre
sur l'innocent.
Sans y avoir été invité, il appellera dans la

nuit afin que les êtres humains s'éveillent et
s'examinent.

Et vous, qui voulez comprendre la justice,
comment y arriverez-vous sans regarder
toutes les actions en pleine lumière ?

Alors seulement saurez-vous que le juste et le
déchu ne sont qu'un seul être debout dans le
crépuscule de sa nuit d'avorton et de son jour
de moi divin,

Et que la pierre angulaire du temple n'est pas
meilleure que la pierre de la plus basse de ses
fondations.

Alors un juriste dit,
Mais qu'en est-il de nos Lois, maître ?
Et il répondit :
Vous aimez établir des lois,
Mais vous préférez les briser.
Tels des enfants qui jouent au bord de l'océan
et qui construisent des châteaux de sable avec
constance pour les détruire en riant.
Pendant que vous construisez vos châteaux
de sable, l'océan apporte toujours davantage
de sable vers le rivage,
Et lorsque vous les détruisez, l'océan en rit
avec vous.
En vérité l'océan rit toujours avec innocence.

Mais qu'en est-il de ceux dont l'existence
n'est pas un océan et pour qui les lois
humaines ne sont pas des châteaux de sable,

Mais pour qui la vie est un roc et les lois un ciseau avec lequel ils les gravent dans leur être ?
Qu'en est-il de l'infirme qui hait les danseurs ?
Qu'en est-il du bœuf qui aime son joug et juge que l'élan et le daim dans la forêt sont des vagabonds égarés ?
Qu'en est-il du vieux serpent qui ne peut plus muer sa peau et dit que tous les autres sont nus et sans pudeur ?
Et celui qui arrive tôt pour festoyer à la noce et s'en retourne fatigué et repu en clamant que les fêtes sont illégales et tous les convives des hors-la-loi ?

Que dire de ceux-là sinon qu'ils se tiennent aussi dans la lumière mais le dos au soleil ?
Ils voient simplement leurs ombres, et leurs ombres sont leurs lois.

Et que représente le soleil pour eux sinon un
créateur d'ombres ?
Et reconnaître les lois ne revient-il pas alors à
s'incliner pour tracer leurs ombres sur le sol ?
Mais vous qui marchez face au soleil, quelles
images dessinées sur la terre peuvent-elles
vous retenir ?
Vous qui voyagez avec le vent, quelle
girouette orientera votre course ?
Quelle loi humaine vous liera-t-elle si vous
ne brisez votre joug sur aucune porte de
prison humaine ?
Quelles lois craindrez-vous si vous dansez
sans être entravés par aucune chaîne de fer ?
Et qui pourra vous déférer en justice si vous
arrachez vos effets sans les laisser dans le
chemin d'autrui ?
Peuple d'Orphalese, vous pouvez couvrir le
tambour et détacher les cordes de la lyre,
mais qui pourra commander à l'alouette des
champs de ne pas chanter ?

ET un orateur dit,
Parle-nous de la Liberté.
Et il répondit :
Je vous ai vus vous prosterner aux portes de
la ville et dans vos foyers pour adorer votre
propre liberté,
Comme des esclaves qui s'humilient devant
un tyran et le louent alors qu'il les anéantit.
Oui, dans le verger du temple et à l'ombre de
la citadelle, j'ai vu les plus libres d'entre vous
porter leur indépendance comme un joug et
une paire de menottes.
Et mon cœur saigna en mon for intérieur ; car
vous ne pourrez être libres que lorsque le
désir même de la quête de liberté sera devenu
un collier, et lorsque vous cesserez de
discourir sur la liberté comme but et
accomplissement.

En vérité, ne croyez pas que vous serez libres
lorsque vos jours couleront sans souci et que
vos nuits se passeront sans besoin et sans
peine,
Mais bien plutôt lorsque ces choses
encercleront votre vie et que vous vous serez
élevés au-dessus d'elles nus et déliés.
Et comment vous élèverez-vous au-dessus de
vos jours et de vos nuits sinon en brisant les
chaînes que vous avez forgées à l'aube de
votre entendement ?
En vérité, ce que vous nommez liberté est la
plus solide de ces chaînes, quoique ses
anneaux chatoient dans le soleil et éblouissent
vos yeux.

Et, pour devenir libres, que voulez-vous
écarter d'autre que des fragments de vous-
mêmes ?

Si vous désirez abolir une loi injuste, dites-vous que cette loi fut écrite par votre main sur votre propre front.

Vous ne pourrez l'effacer en brûlant vos traités de lois ni en lavant les fronts de vos juges, même en déversant la mer tout entière sur eux.

Et si vous voulez détrôner un despote, voyez d'abord si son trône, érigé en vous-mêmes, est bien détruit.

Car comment un tyran peut-il gouverner ceux qui sont libres et fiers sans qu'existe une tyrannie dans leur propre liberté et une honte sur leur propre fierté ?

Et si vous voulez éloigner un tourment, regardez dans quelle mesure ce tracas n'a pas été choisi par vous plutôt qu'imposé.

Et si vous désirez chasser une angoisse, le siège de cette anxiété est dans votre cœur et non dans la main de la peur.

En vérité, toutes choses se meuvent en vous
en une semi-étreinte constante groupant ce
que vous désirez et ce que vous craignez, ce
qui vous fait horreur et ce que vous chérissez,
ce que vous poursuivez et ce que vous
préférez fuir.
Tout cela se meut en votre être intime comme
des lumières et des ombres, par paires
enlacées.
Et lorsque l'ombre s'affaiblit et s'évanouit, la
lumière qui persiste devient l'ombre d'une
autre lumière.
Et ainsi en est-il de votre liberté qui,
lorsqu'elle perd ses chaînes, devient la chaîne
d'une plus grande liberté.

Et la prêtresse intervint à nouveau et dit,
Parle-nous de Raison et de Passion.
Et il répondit en disant :
Votre âme est souvent comme un champ de
bataille où votre raison et votre jugement
luttent contre votre passion et votre voracité.
Si je le pouvais, je serais celui qui fait la paix
dans votre âme, et métamorphose la discorde
et l'antagonisme de vos fondements en unité
et mélodie.
Mais comment le pourrais-je, à moins que
vous ne soyez vous aussi les faiseurs de paix,
et même les amis de ce qui vous fonde.

Raison et passion sont le gouvernail et les
voiles de votre âme errante.
Si soit votre voilure soit votre gouvernail se
cassent, vous ne pouvez qu'être ballottés et

partir à la dérive, ou rester ancrés dans un
mouillage entre deux eaux.

Car si la raison règne seule, elle confine la
force : et la passion qui s'abandonne elle-
même est une flamme qui se brûle jusqu'à sa
propre extinction.

Par conséquent, laissez votre âme exalter
votre raison jusqu'aux hauteurs de la passion,
de façon à ce qu'elle puisse chanter ;

Et laissez la raison diriger votre passion afin
que votre passion vive à travers ses
résurrections quotidiennes et, tel le phénix,
renaisse de ses propres cendres.

Je voudrais que vous considériez votre
jugement et votre appétit comme vous le
feriez dans votre maison pour deux invités
bien-aimés.

Vous ne voudriez sûrement pas honorer un
invité plutôt qu'un autre ; car celui qui est

plus attentif envers l'un d'entre eux risque de
perdre l'amour et la fidélité des deux.

Parmi les collines, lorsque vous vous asseyez
à l'ombre fraîche des peupliers blancs en
partageant la paix et la sérénité des champs
lointains et des prés — alors laissez votre
cœur dire en silence :
« Dieu se repose dans la raison. »
Et lorsque l'orage s'en vient et qu'un vent
puissant secoue la forêt et que le tonnerre et
les éclairs proclament la majesté du ciel —
alors laissez votre cœur dire avec déférence :
« Dieu bouge dans la passion. »

Et puisque vous n'êtes qu'un souffle de la
sphère de Dieu et une feuille dans la forêt de
Dieu, vous aussi devez reposer dans la raison
et vous mouvoir dans la passion.

Eᴛ une femme prit la parole disant,
Parle-nous de la Douleur.
Et il dit :
La douleur brise la coquille de votre
discernement.
De même que le noyau du fruit doit se briser
pour que son germe puisse s'élever vers le
soleil, de même vous devez connaître la
douleur.
Et même si vous réussissez à garder votre
cœur émerveillé par les miracles quotidiens
de votre vie, votre peine n'apparaîtra pas
moins merveilleuse que votre joie.
Et vous accepterez les saisons de vos cœurs
de même que vous avez toujours accepté les
saisons qui s'écoulent sur vos champs.
Et vous contemplerez avec sérénité les hivers
de votre nostalgie.

Beaucoup de votre douleur est choisie par vous-mêmes.

C'est la potion amère choisie par le médecin en vous-mêmes pour soigner votre moi malade.

Croyez donc le médecin et prenez son remède avec silence et tranquillité :

Car sa main, bien que lourde et dure, est guidée par la douce main de l'Invisible.

Et la coupe qu'elle tend, quoique brûlante pour vos lèvres, fut façonnée par de l'argile que le Potier a trempée de ses propres larmes sacrées.

Eт un homme dit,
Parle-nous de la Connaissance de soi-même.
Et il répondit en disant :
En silence, vos cœurs connaissent les secrets
des jours et des nuits.
Mais vos oreilles ont soif d'entendre la
résonance du savoir de votre cœur.
Vous aimeriez entendre en paroles ce que
vous avez toujours connu en pensée.
Vous voudriez toucher de vos doigts le corps
nu de vos rêves.

Et c'est bien ainsi.
La source cachée de votre âme doit jaillir et
courir en murmurant vers la mer ;
Et le trésor de vos infinies profondeurs veut
se dévoiler à vos yeux.

Mais ne prenez pas de balance pour peser
votre trésor inconnu ;
Et ne sondez pas les abysses de votre
connaissance avec une perche ou une corde.
Car le moi est une mer sans limites que l'on
ne peut jauger.

Ne dites pas : « j'ai trouvé la vérité », mais
plutôt, « j'ai trouvé une vérité ».
Ne dites pas : « j'ai trouvé le chemin de
l'âme ».
Dites plutôt : « j'ai trouvé l'âme marchant
sur mon chemin ».
Car l'âme marche sur tous les chemins.
L'âme ne marche le long d'un fil ni ne croît
comme un roseau.
L'âme éclôt comme un lotus aux
innombrables pétales.

Alors, dit un professeur,
Parle-nous de l'Enseignement.
Et il dit :
Personne ne peut rien vous révéler pour
autant que vous recelez déjà un savoir à demi
endormi, enfoui dans votre connaissance en
croissance.

L'enseignant qui marche à l'ombre du
temple, parmi ceux qui l'écoutent, ne donne
rien de sa sagesse mais bien plutôt sa foi et
son amour.

S'il est vraiment un sage, il ne vous invite pas
à entrer dans la demeure de sa sagesse, mais il
vous conduit plutôt au réveil de votre propre
conscience.

L'astronome peut vous parler de sa vision des
étoiles, mais il ne peut vous donner sa vision.
Le musicien peut vous chanter la cadence qui
se dégage de tout l'espace, mais il ne peut

vous donner l'oreille qui en saisit le rythme,
ni la voix qui s'en fait l'écho.
Et celui qui est versé dans la science des
nombres, s'il peut expliquer les domaines du
poids et de la mesure, ne peut vous conduire
là où il se trouve.

Car la vision d'un être humain ne prête pas
ses ailes à la vision d'un autre être humain.
Et de même que chacun d'entre vous se tient
seul dans le savoir de Dieu, de même chacun
de vous doit rester seul, face à sa propre
connaissance de Dieu et à sa compréhension
du monde.

Eт un jeune homme dit,
Parle-nous de l'Amitié.
Et il répondit en disant :
Votre ami est une réponse à vos besoins.
Il est votre champ semé avec amour et
moissonné en action de grâces.
Et il est votre table et votre coin du feu.
Car vous venez vers lui avec votre faim et le
cherchez pour la paix.

Quand votre ami révèle le fond de sa pensée,
n'ayez pas peur de ce qui dit « non » dans
votre conscience ni ne rejetez le « oui ». Et
quand il demeure en silence, que votre cœur
ne cesse d'écouter son cœur ;
Car, en amitié, sans avoir besoin de mots,
toutes les pensées, tous les désirs, toutes les

attentes se partagent en une joie qui reste
secrète.
Lorsque vous quittez votre ami, n'ayez pas
de chagrin.
Car ce que vous aimez le plus en lui
apparaîtra plus clairement en son absence, de
même que pour le grimpeur, la montagne se
détache mieux de la plaine.

Et qu'il n'y ait d'autre but à l'amitié que
l'approfondissement de l'être.
Car l'amour qui recherche autre chose que la
révélation de son mystère n'est pas de
l'amour mais un filet que l'on jette : seul
l'inutile s'y trouve attrapé.

Et que le meilleur de vous soit pour votre
ami.

S'il doit connaître le reflux de votre marée,
laissez-lui aussi en connaître le flux.
Car qu'est-ce qu'un ami que l'on recherche
pour tuer le temps ?
Allez toujours à sa rencontre pour les heures
de vie.
Car il est là pour combler votre attente, mais
non votre vide.
Et dans la douceur de l'amitié, faites qu'il y
ait place pour le rire et le partage des plaisirs.
Car le cœur trouve son matin dans la rosée
des petites choses, et s'en trouve rafraîchi.

Alors un universitaire dit,
Parle-nous de la Parole.
Et il répondit en disant :
Vous parlez lorsque vous cessez d'être en
paix avec vos pensées ;
Et lorsque vous ne pouvez demeurer dans la
solitude de votre cœur, vous existez sur vos
lèvres dont le son est une diversion et un
passe-temps.
Et dans la plupart de vos conversations, la
pensée se trouve massacrée.
Car la pensée est un oiseau de l'espace qui,
mis dans une cage de mots, peut à la rigueur
déployer ses ailes mais ne peut voler.

Il en est parmi vous qui recherchent le
bavardage par peur d'être seuls.
Le silence de la solitude révèle à leurs yeux la

nudité de leur moi, qu'ils voudraient fuir.
Et il y a ceux qui parlent et, sans rien savoir ni
préméditer, ils révèlent une vérité qu'ils ne
peuvent eux-mêmes comprendre. Et il y a
ceux qui portent la vérité en eux-mêmes, mais
qui ne la disent pas en mots.
Dans la poitrine de ceux-là l'esprit habite et
rythme le silence.

Lorsque vous rencontrez votre ami sur le
bord de la route ou au marché, laissez l'esprit
en vous animer vos lèvres et diriger votre
langue.
Laissez la voix en vous parler à l'oreille de
son oreille ;
Car son âme gardera la vérité de votre cœur
comme l'on se souvient du goût d'un vin.
Loin la couleur et disparu le flacon.

Eт un astronome dit,
Maître, qu'en est-il du Temps ?
Et il répondit :
Vous voudriez mesurer le temps infini et
inestimable.
Vous voudriez adapter votre comportement
et même diriger le cours de votre esprit en
accord avec les heures et les saisons.
Vous aimeriez faire du temps une rivière au
bord de laquelle vous resteriez assis pour en
regarder le cours.

Pourtant, ce qui est hors du temps en vous est
conscient du fait que la vie est intemporelle,
Et sait qu'hier n'est que le souvenir
d'aujourd'hui, et demain le rêve
d'aujourd'hui.
Et ce qui en vous chante et contemple

demeure toujours à l'intérieur des limites de
ce premier moment qui répandit les étoiles
dans l'espace.
Qui d'entre vous ne sent pas que son pouvoir
d'amour est sans limites ?

Et pourtant qui ne ressent malgré tout cet
amour illimité, inclus dans le centre de son
être, et qui n'erre pas d'une pensée d'amour à
une pensée d'amour ni d'un acte d'amour à
un autre acte d'amour ?
Et le temps n'est-il pas comme l'amour,
indivisible et non évaluable ?
Mais si vous devez mesurer dans votre pensée
le temps en saisons, laissez chaque saison
contenir les autres saisons,
Et laissez chaque jour embrasser le souvenir
du passé et l'attente du futur.

Eт l'un des anciens de la cité dit,
Parle-nous du Bien et du Mal.
Et il répondit :
Je peux parler du bien qui est en vous, mais
non du mal,
Car qu'est-ce que le mal sinon le bien torturé
par sa propre faim et soif ?
En vérité, quand le bien a faim, il recherche sa
nourriture jusque dans de sombres caves, et
lorsqu'il a soif, il boit même des eaux mortes.

Vous êtes bons lorsque vous êtes unis avec
vous-mêmes.
Pourtant lorsque vous n'êtes pas unis en
vous-mêmes, vous n'êtes pas mauvais.
Car une maison désunie n'est pas repaire de
voleurs ; elle n'est qu'une maison désunie.
Et un navire sans gouvernail peut dériver aux

abords d'îles périlleuses sans pour autant
faire naufrage corps et biens.

Vous êtes bons lorsque vous tentez de
donner de vous-mêmes.
Mais vous n'êtes pas mauvais lorsque vous
cherchez le gain pour vous-mêmes.
Car lorsque vous recherchez ainsi du gain
vous n'êtes qu'une racine qui s'agrippe à la
terre et suce son sein.
Le fruit ne peut certes pas dire à la racine :
« Sois comme moi, mûre et pleine et donnant
toujours à profusion. »
Car pour le fruit donner est un besoin de
même que recevoir s'avère un besoin pour la
racine.

Vous êtes bons lorsque dans votre discours,
vous êtes éveillés.

Cependant vous n'êtes pas mauvais quand vous dormez alors que votre langue discourt sans but ni raison.
Et même un discours hésitant peut fortifier une langue débile.

Vous êtes bons lorsque vous marchez vers votre but avec fermeté et d'un pas hardi.
Cependant vous n'êtes pas mauvais lorsque vous y allez en boitant.
Même ceux qui boitent ne vont pas en arrière.
Mais vous qui êtes forts et agiles, faites attention de ne pas claudiquer devant des boiteux, en croyant bien faire.
Vous vous révélez bons dans d'innombrables chemins et vous n'êtes pas mauvais lorsque vous ne vous montrez pas bons, vous ne faites que traîner et stagner.
Il est dommage que les cerfs ne puissent apprendre la vélocité aux tortues.

Dans votre aspiration vers votre moi supérieur, se trouve votre bonté : et cette attente existe en vous tous.

Mais chez certains le désir de progresser est un torrent qui se rue avec puissance vers la mer, en emportant les secrets des collines et les chants des forêts.

Et chez d'autres c'est un petit ruisseau qui se perd en méandres et en courbes et traîne son cours jusqu'au rivage.

Mais ne laissez pas celui qui aspire à aller loin dire à celui qui veut peu : « Pourquoi es-tu si lent et hésitant ? »

Car les êtres vraiment bons ne demandent pas à ceux qui sont nus, « où sont vos vêtements ? » ni aux sans-abri, « qu'est-il arrivé à votre maison ? ».

ALORS une prêtresse dit,
Parle-nous de la Prière.
Et il répondit, en disant :
Vous priez en votre détresse et besoin ;
puissiez-vous prier aussi dans la plénitude de
votre joie et durant vos jours d'abondance.

Car qu'est-ce que la prière sinon une
expansion de votre être dans l'atmosphère
vivante ?
Et si c'est pour votre confort que vous rejetez
votre obscur dans l'espace, c'est aussi pour
votre plaisir que vous répandez l'aube de
votre cœur.
Et si vous ne pouvez que pleurer lorsque
votre âme vous appelle à la prière, elle devrait
vous aiguillonner encore et encore, afin
qu'au-delà des sanglots vous vous mettiez à
rire.

Quand vous priez, vous vous élevez pour rencontrer dans l'univers impalpable ceux qui prient au même moment et que vous ne pourriez rencontrer autrement qu'en prière. Aussi que cette visite dans ce temple invisible ne soit rien d'autre qu'extase et douce communion.
Car si vous entrez dans ce temple sans autre raison que celle de demander, vous ne recevrez pas :
Et si vous y entrez pour vous humilier, vous ne serez pas relevés :
Ou même si vous y entrez pour mendier des bienfaits pour autrui, vous ne serez pas entendus.
Qu'il vous suffise d'entrer dans le temple invisible.

Je ne puis vous apprendre à prier avec des paroles.

Dieu n'écoute pas les mots sauf lorsque c'est
Lui-même qui les murmure à travers vos
lèvres.
Et je ne peux vous enseigner la prière des
mers et des forêts et des montagnes.
Mais ceux qui sont nés dans les montagnes et
les forêts et les mers peuvent trouver leur
prière dans leur cœur.
Et si seulement vous les écoutiez dans le
calme de la nuit vous dire en silence :
Notre Dieu, qui est en notre moi ailé, c'est ta
volonté en nous qui veut.
C'est ton désir en nous qui dérive
C'est ton énergie en nous qui métamorphose
nos nuits qui sont tiennes en jours qui sont
tiens aussi.
Nous ne pouvons rien te demander car tu
connais nos besoins avant même qu'ils ne
naissent en nous :
Tu es notre besoin ; et en nous donnant ta
substance, tu nous donnes tout.

ALORS un ermite, qui venait visiter la ville
une fois par an, s'avança et dit,
Parle-nous du Plaisir.
Et il répondit en disant :
Le plaisir est un chant de la liberté
Mais il n'est pas liberté.
Il est la floraison de vos désirs, mais il n'est en
aucun cas leur fruit.

C'est une profondeur appelant une hauteur,
mais il n'est ni le creux ni le haut.
Il est l'encagé prenant son envol,
Mais il n'est pas l'espace qui l'entoure.
Oui, en vérité, le plaisir chante la liberté.
Et je vous verrais volontiers le chanter de
tout votre cœur ; mais je ne voudrais pas vous
voir perdre vos cœurs en chantant.

Certains de vos jeunes cherchent le plaisir
comme s'il était tout, et ils sont jugés là-
dessus et on leur fait des reproches.
Je ne voudrais ni les juger ni leur reprocher
quoi que ce soit.
Je voudrais les voir chercher.
Car ils trouveront le plaisir mais pas tout
seuls ;
Sept sont ses sœurs et la moindre d'entre elles
se révèle plus belle que le plaisir.
N'avez-vous pas entendu parler de cet
homme qui creusait le sol à la recherche de
racines et trouva un trésor ?

Et certains de vos aînés se remémorent leurs
plaisirs avec regret comme des fautes
commises dans l'ivresse.
Ils devraient se rappeler leurs plaisirs avec
gratitude, comme ils le feraient pour la
récolte d'un été.

Pourtant si le regret leur est un réconfort,
laissez-les se réconforter.

Et certains parmi vous ne sont ni assez jeunes
pour chercher ni assez vieux pour se
souvenir ;
Et dans leur crainte de la quête et des
souvenirs ils fuient tout plaisir comme s'ils
allaient négliger l'esprit ou l'offenser.
Mais en cet abandon même se trouve leur
plaisir.
Et ainsi ils trouvent aussi un trésor quoiqu'ils
creusent à la recherche des racines avec des
mains tremblantes.

Mais, dites-moi, quel est celui qui peut
offenser l'esprit ?
Le rossignol offense-t-il le calme de la nuit,
ou la luciole celui des étoiles ?

Et votre flamme et votre fumée sont-elles un
fardeau pour le vent ?
Croyez-vous que l'esprit est un étang calme
que vous pouvez troubler avec un bâton ?

Souvent, c'est en niant le plaisir que vous
l'enfermez dans les recoins de votre être.
Qui sait si ce qui a été oublié aujourd'hui
n'attend pas demain ?
Même votre corps connaît son héritage et son
juste besoin qui ne sera pas déçu.
Et c'est à vous de voir si vous en tirez douce
musique ou son confus.

Et maintenant vous vous demandez en vos
cœurs :
« Comment distinguerons-nous ce qui est
bon de ce qui est mauvais dans le plaisir ? »
Allez à vos champs et jardins, et apprenez ce

qu'est le plaisir de l'abeille qui butine le miel
de la fleur.
Mais c'est aussi le plaisir de la fleur de donner
son pollen à l'abeille.

Car pour l'abeille, la fleur est une fontaine de
vie,
Et pour la fleur, l'abeille est la messagère de
l'amour,
Et pour toutes les deux, abeille et fleur,
donner et recevoir le plaisir est un besoin et
une extase.
Gens d'Orphalese, soyez dans vos plaisirs
comme fleurs et abeilles.

Et un prêtre dit,
Parle-nous de la Beauté.
Et il répondit :
Où chercherez-vous la beauté et où la
trouverez-vous, si elle n'est pas votre chemin
et votre guide ?
Et comment pourrez-vous parler d'elle sans
qu'elle tisse la substance de vos paroles ?

Les malheureux et les blessés disent,
« La beauté est bonne et gentille.
Comme une jeune mère à demi confuse de sa
gloire, elle passe parmi nous. »
Et les passionnés disent,
« Non, la beauté est puissante et redoutable.
Comme la tempête elle secoue la terre au-
dessous de nous et le ciel au-dessus de
nous. »

Les fatigués et les faibles disent,
« La beauté est faite de suaves murmures.
Elle parle en notre esprit.
Sa voix se rend à nos silences comme une
lumière tamisée frémit dans la peur de
l'ombre. »
Et les agités disent,
« Nous l'avons entendue crier à travers la
montagne,
Et avec ses cris viennent les bruits des sabots,
et les battements d'ailes et le rugissement des
lions. »

A la nuit tombée, les gardiens de la cité
disent,
« La beauté surgira à l'aube, venue de l'est. »
Et à midi, les ouvriers et les voyageurs disent,
« Nous l'avons vue se pencher sur la terre par
les fenêtres du couchant. »

En hiver, ceux qui sont enneigés disent,
« Elle viendra avec le printemps se répandant
sur les collines. »
Et dans la pleine chaleur de l'été, les
moissonneurs disent,
« Nous l'avons aperçue dansant dans les
feuilles d'automne et nous avons vu un
flocon de neige dans ses cheveux. »

Toutes ces choses vous les dites de la beauté ;
cependant et en vérité vous ne parlez jamais
d'elle mais plutôt de vos désirs insatisfaits.
Et la beauté n'est pas un besoin mais une
extase.
Ce n'est pas une bouche assoiffée, ni une
main tendue, vide,
Mais plutôt un cœur enflammé et une âme
enchantée.

Elle n'est pas l'image que vous voudriez voir,
ni le chant que vous aimeriez entendre,
Mais plutôt une image que vous percevez
même si vous fermez vos yeux et un chant
que vous entendez même si vous vous
bouchez les oreilles.

Elle n'est pas la sève qui court sous l'écorce
ridée ni l'aile attachée à une serre,
Mais plutôt un jardin toujours en fleurs et
une foule d'anges envolés pour toujours.

Gens d'Orphalese, la beauté est la vie quand
la vie dévoile son visage saint.
Mais vous êtes la vie et vous êtes le voile.
La beauté est l'éternité se contemplant dans
un miroir.
Mais vous êtes l'éternité et le miroir.

Et un vieux prêtre dit,
Parle-nous de la Religion.
Et il dit :
Ai-je parlé aujourd'hui d'autre chose ?
La religion n'est-elle pas dans tous les actes et
leur réflexion,
Et n'est-elle ni action ni réflexion, mais un
émerveillement et une surprise toujours
renaissante dans l'âme, même lorsque les
mains taillent la pierre ou travaillent au
métier ?
Qui ose séparer sa foi de ses actions ou sa
croyance de ses occupations ?
Qui peut passer des heures durant à dire :
« Ceci est pour Dieu, et cela pour moi ; ceci
est pour mon âme et cela pour mon corps ? »
Toutes vos heures sont des ailes qui battent
l'air d'un moi à un autre moi.

Celui qui porte sa moralité comme son
meilleur vêtement serait mieux nu.
Le vent et le soleil ne troueront pas sa peau.
Et celui qui définit sa conduite d'après des
principes emprisonne son oiseau siffleur dans
une cage,
Le chant le plus libre ne passe pas à travers
des barreaux et des barbelés.
Et celui pour qui l'adoration est une fenêtre,
à ouvrir mais aussi à refermer, celui-ci n'a pas
encore visité la maison de son âme dont les
fenêtres sont ouvertes d'une aube à l'autre.

Votre vie quotidienne est votre temple et
votre religion.
Lorsque vous y entrez prenez-y tout votre
être.
Prenez la charrue et la forge et le marteau et
le luth,

Et les choses que vous avez fabriquées mus
par la nécessité et celles de votre jouissance.
Car dans l'imaginaire vous ne pouvez monter
plus haut que vos accomplissements ni
tomber plus bas que vos échecs.
Et prenez avec vous tous les êtres : car dans
l'adoration vous ne pouvez voler plus haut
que leurs espoirs ni vous rabaisser plus bas
que leur désespoir.

Et si vous voulez connaître Dieu, ne vous
préoccupez pas de résoudre des énigmes.
Regardez plutôt autour de vous et vous le
verrez jouant avec vos enfants.
Et regardez dans l'espace ; vous le verrez
marchant dans le nuage, étendant ses bras
dans l'éclair et tombant en pluie.
Vous le verrez souriant avec les fleurs puis,
dressé, balançant ses mains dans les arbres.

ALORS Almitra prit la parole, en disant
Nous voudrions interroger sur la Mort.
Et il dit :
Vous voudriez connaître le secret de la mort.
Mais comment la découvrirez-vous au cœur
même de la vie ?
La chouette dont les yeux de nuit sont
aveugles le jour ne peut dévoiler le mystère
de la lumière.
Si vous désirez vraiment apercevoir l'esprit
de la mort, ouvrez grand votre cœur au corps
de la vie.
Car la vie et la mort sont un, de même que la
rivière et l'océan sont un.

Dans l'intimité de vos espoirs et de vos désirs
existe la silencieuse connaissance qui est au-
delà.

Et tels des grains qui rêvent sous la neige,
votre cœur rêve au printemps.
Croyez aux rêves car en eux se cache la
porte de l'éternité.

Votre peur de la mort n'est que le frisson du
berger qui se tient devant le roi dont la main
va lui donner une accolade honorifique.
Le berger n'est-il pas heureux de l'honneur
qui lui est fait, et ce malgré son
frissonnement ?
Et n'est-il pas encore plus conscient de sa
fièvre ?

Car qu'est-ce que mourir sinon se tenir dans
le vent et se fondre dans le soleil ?
Et qu'est-ce que le fait de cesser de respirer
sinon un acte qui libère la respiration de son
flux et reflux incessants, afin que le souffle

puisse s'élever et émaner en une quête, sans
entrave, vers Dieu ?

Quand vous boirez à la rivière du silence,
alors seulement pourrez-vous chanter.
Et lorsque vous parviendrez au sommet de la
montagne, alors vous commencerez à
grimper.
Et quand la terre demandera vos membres,
alors vous mettrez-vous à danser vraiment.

.

Et maintenant c'était le soir.
Et Almitra la voyante dit,
Béni soit ce jour et ce lieu et votre esprit qui a
parlé.
Et il répondit :
Est-ce moi qui ai parlé ?
N'étais-je pas aussi un écoutant ?

Puis il descendit les marches du Temple et
tous le suivirent. Et il atteignit son bateau et
se tint debout sur le pont.
Et les regardant à nouveau il éleva la voix et
dit :
Peuple d'Orphalese, les vents m'ordonnent
de vous quitter. Quoique ma hâte soit moins
grande que la leur, je dois partir. Nous autres
vagabonds, toujours en quête du chemin le
plus solitaire, ne commençons aucun jour là

où nous en avons fini un autre ; et aucun lever
de soleil ne nous trouve là où son coucher
nous a laissés.
Même quand la terre dort nous voyageons.
Nous sommes les graines de la plante tenace,
et c'est dans notre maturité et la plénitude de
notre cœur que nous sommes abandonnés au
vent et éparpillés.

Brefs ont été mes jours parmi vous, et plus
brèves encore les paroles que j'ai dites.
Mais puisse ma voix se faner dans vos oreilles
et mon amour s'effacer dans vos mémoires,
car alors je reviendrai,
Et avec un cœur plus riche et des lèvres plus
complaisantes à l'esprit je parlerai.
Oui, je reviendrai avec la marée,
Et bien que la mort puisse me cacher et le
plus grand silence m'envelopper, je
chercherai encore votre compréhension.

Et je ne chercherai pas en vain.
Si le peu de chose que j'ai dit est vérité, cette vérité se révélera d'elle-même par une voix plus claire et par des mots plus proches de vos pensées.

Je vais avec les vents, peuple d'Orphalese, mais je ne descends pas dans le vide ;
Et si ce jour n'est pas un accomplissement de vos besoins et de mon amour, alors qu'il soit une promesse d'un autre jour.
Les besoins de l'homme changent, mais pas son amour ni le désir que son amour satisfasse ses besoins.
Sachez donc que du plus grand silence je reviendrai.

La brume qui s'éloigne en flottant à l'aube, ne laissant que la rosée dans les champs,

se lèvera et se rassemblera dans un nuage,
puis elle tombera en pluie.
Et semblable à la brume ai-je été.
Dans le calme de la nuit j'ai marché dans vos
rues, et mon esprit est entré dans vos
maisons,
Et vos battements de cœur étaient dans mon
cœur et votre souffle était sur mon visage, et
je vous ai tous connus.
Mais oui, je connaissais votre joie et votre
chagrin, et dans votre sommeil vos rêves
étaient mes rêves.
Et maintes fois j'ai été parmi vous un lac
parmi les montagnes.
Je reflétais vos sommets et vos pentes
inclinées, et même les troupeaux de vos
pensées et de vos désirs qui passaient.
Et vers mon silence venaient en ruisseaux le
rire de vos enfants, et le désir ardent de vos
jeunes gens, en rivières.
Et quand ils atteignaient mes profondeurs, les

ruisseaux et les rivières continuaient de
chanter.
Mais plus doux encore que le rire et plus
grand que le désir ardent quelque chose
venait à moi.
C'était l'illimité en vous ;
L'homme vaste dans lequel vous êtes tout
sauf cellules et tendons ;
Celui dans la mélopée duquel tout votre
chant n'est que palpitation sans son.
C'est dans l'homme vaste que vous êtes vastes,
Et c'est en le voyant que je vous ai vus et
aimés.
Quelles distances l'amour peut-il atteindre
qui ne soient pas dans cette vaste sphère ?
Quelles visions, quelles espérances et
quelles présomptions ce vol peut-il faire
s'élever ?
Semblable à un chêne géant couvert de fleurs
de pommier est l'homme vaste en vous.
Sa force vous lie à la terre, son parfum vous

élève dans l'espace, et dans sa longévité vous
êtes immortels.
On vous a dit que, même comme chaîne,
vous êtes aussi faibles que le plus faible des
maillons.
Ceci n'est que la moitié de la vérité. Vous êtes
aussi forts que le plus fort des maillons.
Vous mesurer par votre plus petite action,
c'est calculer le pouvoir de l'océan par la
fragilité de son écume.
Vous juger par vos échecs, c'est jeter le blâme
sur les saisons pour leur inconstance.

Mais oui, vous êtes semblables à un océan,
Et bien que des bateaux au fond lourd
attendent la marée sur vos rivages, même si
vous êtes semblables à un océan vous ne
pouvez avancer vos marées.
Et vous êtes encore semblables aux saisons,

Et quoique en votre hiver vous puissiez nier
votre printemps,
Le printemps qui repose en vous sourit dans
sa somnolence et n'est pas offensé.
Ne pensez pas que je dise ces choses pour que
vous puissiez vous dire les uns aux autres :
« Il chantait bien nos louanges. Il ne voyait
que le bien en nous. »
Je ne vous dis que les mots que vous
connaissez déjà en pensée.
Et qu'est la connaissance de la parole sinon
l'ombre d'une connaissance sans paroles ?
Vos pensées et mes paroles sont des vagues
d'une mémoire scellée qui garde des
empreintes de nos hiers,
Et des jours anciens où la terre ne nous
connaissait ni ne se connaissait elle-même,
Et de nuits où la terre s'agitait dans la
confusion.

Des sages sont venus à vous pour vous
donner de leur sagesse. Je suis venu pour
prendre de votre sagesse.
C'est un esprit flamboyant en vous
rassemblant toujours plus de lui-même,
Tandis que vous, insouciants de son
expansion, pleurez le flétrissement de vos
jours.
C'est la vie en quête de vie dans des corps qui
craignent la tombe.

Il n'y a pas de tombes ici.
Ces montagnes et ces plaines sont un berceau
et une marche de pierre.
Chaque fois que vous passez par le champ où
vous avez couché vos ancêtres, regardez bien,
et vous vous y verrez, vous-mêmes et vos
enfants, dansant main dans la main.
En vérité, vous vous amusez souvent sans le
savoir.

D'autres sont venus à vous, auxquels pour
des promesses dorées faites à votre foi, vous
n'avez donné que richesse et pouvoir et
gloire.

Je vous ai donné moins qu'une promesse, et
vous avez été cependant bien plus généreux
envers moi. Vous m'avez donné ma soif de
vie la plus profonde.

Sans doute ne peut-on faire plus grand
présent à un homme que celui qui transforme
tous ses buts en lèvres assoiffées et toute sa
vie en une fontaine.

Et en cela reposent mon honneur et ma
récompense,

Que chaque fois que je viens boire à la
fontaine je trouve l'eau vive elle-même
assoiffée ;

Et elle me boit tandis que je la bois.

Certains d'entre vous m'ont jugé fier et trop
timide pour recevoir des présents.
Je suis trop fier en effet pour recevoir des
gages, mais pas des présents.
Et bien que j'aie mangé des baies dans les
collines quand vous auriez aimé m'avoir à
votre table,
Et que j'aie dormi sous le portique du temple
quand vous m'auriez avec plaisir donné un
abri,
N'était-ce pas votre attention affectueuse de
mes jours et de mes nuits qui rendait la
nourriture douce à ma bouche et entourait
mon sommeil de visions ?

C'est pour cela que je vous bénis le plus :
Vous donnez beaucoup et ne savez pas que
vous donnez.
En vérité la gentillesse qui se contemple dans
un miroir devient pierre,

Et une bonne action qui se donne de tendres noms devient parente de malédiction.

Et certains d'entre vous m'ont appelé le lointain, assoiffé de ma solitude,
Et vous avez dit : « Il tient conseil avec les arbres de la forêt, mais pas avec des hommes.
Il s'assoit seul au sommet des collines et observe notre ville en bas. »
Il est vrai que j'ai grimpé sur les collines et marché en des lieux isolés.
Comment aurais-je pu vous voir si ce n'est d'une grande hauteur ou d'une grande distance ?
Comment peut-on en vérité être près à moins d'être loin ?

Et d'autres ont lancé des appels vers moi, mais pas avec des mots, et ils disaient :

« Etranger, étranger amoureux des hauteurs
inaccessibles, pourquoi demeures-tu au
milieu des sommets où les aigles construisent
leurs nids ?
Pourquoi cherches-tu l'inaccessible ?
Quels orages voudrais-tu prendre au piège de
ton filet,
Et quels oiseaux vaporeux chasses-tu dans le
ciel ?
Viens et sois l'un d'entre nous.
Descends et apaise ta faim de notre pain et
étanche ta soif de notre vin. »
Ils disaient ces choses dans la solitude de leur
âme ;
Mais si leur solitude avait été plus profonde
ils auraient su que je ne cherchais que le
secret de votre joie et de votre chagrin,
Et que je ne chassais que votre plus grand
moi qui parcourt le ciel.
Mais le chasseur était aussi la proie ;
Car beaucoup de mes flèches ne quittaient

mon arc que pour chercher ma propre poitrine.

Et cela qui volait était aussi celui qui rampait ; Car quand mes ailes étaient ouvertes dans le soleil leur ombre sur la terre était une tortue.

Et moi, celui qui croyait, j'étais aussi celui qui doutait ;

Car j'ai souvent mis mon doigt dans ma propre blessure en pensant que je pourrais avoir plus grande croyance en vous et plus grande connaissance de vous.

Et c'est avec cette croyance et cette connaissance que je dis,

Vous n'êtes pas enfermés dans vos corps, ni confinés à des maisons et des champs.

Ce que vous êtes habite au-dessus de la montagne et erre avec le vent.

Ce n'est pas une chose qui rampe au soleil en quête de chaleur ou creuse des trous dans l'obscurité en quête de sécurité,

Mais une chose libre, un esprit qui enveloppe la terre et évolue dans l'espace.

Si ce sont des paroles vagues, alors n'essayez pas de les éclaircir.
Vague et nébuleux est le commencement de toutes les choses, mais pas leur fin,
Et je serais trop heureux que vous vous souveniez de moi comme d'un commencement.
La vie, et tout ce qui vit, est conçue dans la brume et non dans le cristal.
Qui sait qu'un cristal est de la brume en ruine ?

Lorsque vous vous souviendrez de moi, je voudrais que vous vous souveniez de ceci :
Ce qui semble le plus faible et le plus désorienté en vous est le plus fort et le plus déterminé.

N'est-ce pas votre souffle qui a érigé et durci
la structure de vos os ?
Et n'est-ce pas un rêve qu'aucun de vous ne
se souvient d'avoir rêvé qui a construit votre
cité et façonné tout ce qui est en elle ?
Si seulement vous pouviez voir les flux et
reflux de ce souffle vous cesseriez de voir
tout le reste,
Et si vous pouviez entendre le chuchotement
du rêve vous n'entendriez aucun autre son.

Mais vous ne voyez ni n'entendez, et cela est
bien.
Le voile qui couvre vos yeux sera enlevé par
les mains qui l'ont tissé,
Et la glaise qui emplit vos oreilles sera percée
par les doigts qui l'ont pétrie.
Et vous verrez.
Et vous entendrez.
Et cependant vous ne vous plaindrez pas

d'avoir connu la cécité ni ne regretterez
d'avoir été sourds.
Car ce jour-là vous connaîtrez le but caché de
toutes choses,
Et vous bénirez l'obscurité comme vous
béniriez la lumière.

Après avoir dit ces choses, il regarda autour
de lui, et il vit le pilote de son bateau debout
près de la barre, qui regardait les voiles
déployées, puis le large.
Et il dit :
Patient, très patient est le capitaine de mon
bateau.
Le vent souffle et les voiles s'agitent ;
Même le gouvernail demande qu'on le dirige ;
Cependant, calmement mon capitaine attend
que je me taise.
Et mes marins, qui ont entendu les chœurs de
la mer, eux aussi m'ont écouté patiemment.

Maintenant ils n'auront plus à attendre.
Je suis prêt.
Le fleuve a atteint la mer, et une fois encore la
grande mère prend son fils contre son cœur.

Adieu, peuple d'Orphalese.
Ce jour est fini.
Il se referme sur nous de même que la fleur de
nénuphar se referme sur son propre
aujourd'hui.
Nous garderons ce qui nous a été donné ici,
Et si cela ne suffit pas, alors ensemble nous
reviendrons et ensemble nous tendrons les
mains vers le donneur.
N'oubliez pas que je reviendrai vers vous.
Un court instant, et mon désir rassemblera de
la poussière et de l'écume pour un autre
corps.
Un court instant, un moment de repos sur le
vent, et une autre femme me portera.

Adieu à vous et à la jeunesse que j'ai passée avec vous.

Ce n'était qu'hier que nous nous sommes rencontrés dans un rêve.

Vous avez chanté pour moi dans ma solitude, et moi de vos désirs j'ai bâti une tour dans le ciel.

Mais à présent notre sommeil s'est enfui et notre rêve est terminé, et ce n'est déjà plus l'aube.

La marée de midi est sur nous et notre demi-éveil s'est transformé en plein jour, et nous devons partir.

Si dans le crépuscule de la mémoire nous devions nous rencontrer une fois encore, nous parlerons à nouveau ensemble et vous me chanterez un chant plus profond.

Et si nos mains devaient se rencontrer dans

un autre rêve, nous construirons une autre tour dans le ciel.

Disant cela il fit un signe aux marins et aussitôt ils levèrent l'ancre et larguèrent les amarres, et voguèrent en direction de l'orient. Et un cri vint de la foule comme d'un seul cœur, et il s'éleva dans le crépuscule et fut emporté sur la mer comme une grande sonnerie de trompette.

Seule Almitra resta silencieuse, suivant le bateau des yeux jusqu'à ce qu'il eût disparu dans la brume.

Et quand tous se furent dispersés, elle resta debout seule sur la digue, se souvenant en son cœur de ses paroles :

« Un court instant, un moment de repos sur le vent, et une autre femme me portera. »

« *Spiritualités vivantes* »
Collection fondée par Jean Herbert

au format de poche

DERNIERS TITRES PARUS

La reproduction photomécanique de ce livre
a été réalisée par l'Imprimerie Bussière,
l'impression et le brochage ont été effectués
sur presse Cameron par Bussière Camedan Imprimeries
à Saint-Amand-Montrond (Cher),
pour le compte des Éditions Albin Michel.

Achevé d'imprimer en mai 1999.
N° d'édition : 18360. N° d'impression : 992320/1.
Dépôt légal : mai 1999.